Folhas Soltas

Folhas Soltas

MEMÓRIAS DE UM PENSADOR ANÔNIMO

Organização

LOURDES VAZ

São Lourenço - MG
2024

Folhas Soltas
Memórias de um Pensador Anônimo

Organização
Lourdes Vaz

Editor
Eldes Saullo

Revisão
Entrelínguas Serviços Linguísticos e Comunicação

Ilustrações
Selma Bajgielman

Projeto Gráfico e Editorial
Casa do Escritor

Dados Internacionais de Catalogação na Publicação (CIP)
(Câmara Brasileira do Livro, SP, Brasil)

Ferreira, Cidney
Folhas soltas : memórias de um pensador anônimo / Cidney Ferreira ; organização Lourdes Vaz. -- São Lourenço, MG : Ed. do Autor, 2024.

ISBN 978-65-01-03237-5

1. Poesia brasileira I. Vaz, Lourdes. II. Título.

24-208078 CDD-B869.1

Índices para catálogo sistemático:

1. Poesia : Literatura brasileira B869.1

Tábata Alves da Silva - Bibliotecária - CRB-8/9253

SUMÁRIO

Dedico este livro a todos os pais

que deixam doces lembranças impressas

na memória de seus filhos...

CIDNEY FERREIRA

AGRADECIMENTO

A Deus, por não permitir que meu pai partisse sem conhecê-lo.

À minha mãe, Nilda (*in memoriam*), a quem papai carinhosamente chamava de Chuchu, pelo carinho e companheirismo com que caminhou com ele por setenta anos, até que a morte dele os separasse.

À minha irmã e aos meus três irmãos, pelos filhos maravilhosos que sempre foram.

À única neta e aos oito netos, pela alegria que deram aos avós.

A todos os descendentes que já vieram e aos que continuarão a vir...

Tchuchu

Para onde fores, pai, para onde fores,
Irei também, trilhando as mesmas ruas...
Tu, para amenizar as dores tuas,
Eu, para amenizar as minhas dores!

Augusto dos Anjos

quem sou eu?????

APRESENTAÇÃO

Nos últimos tempos de convívio com papai, pude realmente conhecê-lo. Nossas divergências de ideias dos anos passados desapareceram lentamente, sem percebermos. Enxerguei nele um homem íntegro. Apesar de ter sido criado num ambiente familiar hostil e violento, tornou-se sábio e sensível. Junto com mamãe, abandonou o passado e seguiu uma nova estrada. O caminho foi só de ida. Ele permaneceu com mamãe até o fim de seus dias. Construiu sua história com uma nova família. Ficaram para trás a antiga família, os amigos e, sobretudo, a carreira de compositor e poeta.

Compôs cerca de noventa canções, entre boleros, chorinhos, sambas e outros estilos musicais. A maioria de seus escritos se perdeu com o tempo. Algumas composições têm partituras e letras registradas, outras ficaram apenas em sua mente, bem como alguns de seus poemas. Vez por outra, papai se lembrava de algum texto, que anotava em cadernos e em folhas soltas. Tive o privilégio de conhecer um pouco de sua arte.

O talento para a poesia e a música foi engavetado e abandonado quase totalmente. Papai deixou de lado sua arte pra priorizar a família. Certa vez, ele me falou que, além das músicas e poemas, escreveu um romance que ficou inacabado. Segundo meu pai, o romance falava de um tema corriqueiro: o sonho não correspondido de um rapaz que sonhava viver um grande amor. Quando enfim conheceu uma jovem, com quem passou a namorar, o moço logo pensou ter encontrado sua princesa. O sonho virou realidade; só que, após alguns meses, a amada decidiu romper o relacionamento. Ela não percebeu que ele estava apaixonado. Uma história de amor comum para muitos, mas não para o autor do romance.

Eu soube adiante que aquela história foi um rascunho da realidade e dos sonhos de papai. Quando tomei conhecimento disso, pensei na canção que mais gosto da obra dele: *Quem Sou Eu*. Um bolero, meio samba-canção, que diz assim: "Quem sou eu pra afagar os teus cabelos loiros, quem sou eu pra guardar-te como um tesouro para mim... Quem sou eu pra dividir contigo o meu desejo de querer...". Na minha mente, pairavam esses versos. Como disse, gosto dessa canção. Foi aí que perguntei por que cabelos loiros, e ele me confidenciou algo que nunca contou a ninguém: "Sabe o romance inacabado? Transformei-o numa canção". Foi assim: antes de se casar com mamãe, ele conheceu uma moça por quem se apaixonou. Acreditou ser seu grande amor, mas a felicidade durou poucos meses, até ela pedir para terminar o namoro. Eu fiquei emocionado. Ele também. Papai voltou no tempo, e eu aproveitei para perguntar se a canção *Quem Sou Eu* tinha algo a ver com aquela moça. Ele respondeu que sim.

A vida sentimental só voltou a florescer quando reencontrou Nilda. Eles se conheceram na infância; mas, como ele mudou de bairro, só se reencontraram já adultos, quando ele voltou a morar perto dela. Mamãe se tornou a sonhada companheira de toda a vida, caminhando com ele por setenta anos, até o fim.

Nos seus últimos anos, convivemos intensamente: viajamos, passeamos, conversamos muito sobre quase tudo. Cantamos nas serestas de Conservatória, dormimos em pousadas, viajamos pelas estradas do interior do Rio, de Minas e de São Paulo. Desfrutamos a vida com simplicidade. Aprendi muito. Foram anos deliciosos, independente dos problemas e das demandas da vida. Nosso convívio estava alheio a tudo isso; e eu aprendi com as muitas boas ideias e palavras de meu pai. Quantas saudades...

Tivemos doces momentos e longos bate-papos. Falamos inclusive dos anos conflituosos, quando discordávamos muito e de quase tudo. Ainda bem que tudo passa. Existia entre nós elos fortes, que unem pessoas amigas: o amor, a compreensão, o querer bem. O amor incondicional, o amor sem cobranças, o amor generoso, o amor de verdade, o amor entre pai e filho. As viagens que fizemos ficaram gravadas em minha mente, bem como as histórias que contávamos um para o outro.

Minhas histórias eram apenas histórias; as dele, tesouros valiosos.

Houve uma fase da vida que nosso grande prazer era estar juntos. Eu o procurava, e ele concordava em ficar comigo e em ir aonde eu fosse. Apesar de ser adulto, aprendi muito, recebi forças e tive uma mão que me apontava: "vá por aqui, vá por ali...". Uma mão que me mostrava o bom caminho. Posso afirmar que, nos últimos anos, eu o compreendia como poucos, pois papai me confiou alguns de seus segredos. Digo alguns porque não deu tempo de me contar outros tantos. Ele me disse que sentiu muito a morte do pai, Joaquim, seu melhor amigo na vida e de quem cuidou até a morte.

Quando meu pai expressava que eu era seu amigo, eu contestava. Ele é que era meu amigo, pois recebi mais do que dei. As histórias foram muitas. Os problemas, as lutas diversas, as opiniões...; enfim, tudo que cercou nossa vida foi de enorme aprendizado.

Já bem idoso, papai me falou que era grato pela vida que vivia: pela dignidade da moradia, dos alimentos, da saúde e pela atenção dos filhos. Morreu sem deixar nenhum bem material, mas deixou um legado de lembranças, valores e dignidade inigualável.

Que privilégio ter um pai especial assim...

Cidney Ferreira Junior

PREFÁCIO

Não foi tarefa fácil realizar a pesquisa e compilar o material deste livro. Embora tenha tido uma produção vasta, a vida humilde e as muitas mudanças de casas fizeram com que a maioria do material de meu pai se perdesse. Mesmo assim, sobraram as letras registradas de algumas de suas canções e alguns textos e poemas anotados em folhas soltas, daí o nome desta coletânea.

Cidney era um homem interessante. Às vezes, bravo; às vezes, dócil, mas muito divertido na maioria das vezes. Conforme envelhecia, sua sabedoria saltava aos olhos. Era difícil não se agradar de suas conversas. Quando tinha a oportunidade de conversar com alguém que lhe dava ouvidos, a conversa levava um bom tempo. Como era um livro de História do Brasil ambulante, ele gostava de contar detalhes dos reflexos da Segunda Guerra Mundial na vida dos brasileiros, das coisas que passaram seus amigos pracinhas, das crises que presenciou e de muitas outras peculiaridades históricas e políticas vividas no país.

Com papai aprendi a importância de rirmos de nós mesmos, algo que ele fazia com frequência. Ria de suas histórias, de suas tentativas frustradas, de como se virava para driblar a pobreza; de tudo o velho Cidão conseguia extrair algo divertido.

Costumava contar as aventuras do pai, Joaquim, de quem herdou o lado cômico. Pintor de paredes e cantor de ópera nas horas vagas, meu avô trabalhava cantando *Figaro* e outras maravilhas clássicas, ou seja, a veia artística veio de berço. As tias eram atrizes de teatro bem conhecidas na época, e papai falava delas com admiração; só que a realidade dele era distante disso.

Frequentou a escola apenas até a primeira série colegial (fato de que muitos duvidavam devido à sua vasta cultura geral). Desde os oito anos de idade, ainda menino, precisou trabalhar numa padaria em troca de pão para alimentar seus irmãos menores. Apesar disso, papai nos ensinou a nunca nos vitimar, mas a seguir em frente e virar o jogo da vida a nosso favor, desde que com dignidade. E foi isso que ele fez. Operário de fábrica de tintas, padeiro, vendedor de pastel, fotógrafo, artesão e outras habilidades mil, perseguiu o sonho de vencer, de ver os filhos formados, com uma profissão, porque "quem tem uma profissão não morre de fome", dizia.

Ele e mamãe conseguiram: escrevemos uma nova história, e nossos filhos estão escrevendo histórias de vida melhores ainda. A miséria ficou para trás, e nossas conquistas são fruto de um casal simples, sem banco de escola, sem herança nem tostão, mas que decidiu não ser vítima da própria sorte. Dos muitos limões que receberam na vida, papai e mamãe fizeram uma limonada. Morreram se dizendo ricos por nos deixar como herança a formação escolar e o caráter reto. Uma bela herança que nos leva agora a reunir e lançar esta coletânea de composições e textos simples, uma singela homenagem ao centenário daquele que foi mais que pai: foi um exemplo a ser seguido (e nós, de fato, seguimos).

Ao longo de minha pesquisa, percebi que o maior legado de meu pai não estava em sua obra, mas no exemplo de paternidade que ele imprimiu em nossa família. Por isso, inclui depoimentos dos filhos e netos no final deste livro. Vale conferir!

Cidney Ferreira partiu para o Pai aos 93 anos, em 2017, no dia que se comemora o descobrimento do Brasil, 22 de abril.

Lourdes Vaz

tanto, tanto tanto

ASSOMBRAÇÃO (GATO PRETO)

Passava da meia-noite...
um cara na minha frente
com tremendo rebolado
parou e olhou pra trás
eu fiquei desconfiado.

Era um cara pequenino
com cabeça de veado
deu tremenda gargalhada
parecia vaca louca
a cara toda vermelha
e só um dente na boca.

Era uma assombração
coisa que jamais se viu
quando chegou na esquina
deu três estouros e sumiu
Pum, pum, pum!

Há muitos fatos que acontecem
que deixam a gente desacreditado
faço o sinal da cruz
pra não ficar assombrado.

Num dia de sexta-feira
era meia-noite e meia
um gato preto pulou na minha frente
de terno listrado, sapato e meia
meu corpo se arrepiou
meu peito soltou um gemido
o gato preto miou e me disse:
"Vai-te com Deus, querido!"

Um amigo me contou
que certa noite já era bem tarde
ele viu uma mulher bonita
sozinha sem vaidade.

Ele conversou com ela
ela concordou com tudo
quando ele viu estava dentro do cemitério
pra dar o fora teve que pular o muro...

Há muitos fatos que acontecem
que deixam a gente desacreditado
faço o sinal da cruz
pra não ficar assombrado.

"eternamente" "gravada!!"

MÃE, PALAVRA SUBLIME

Mãe, palavra sublime
que no meu peito revive
os sentimentos meus.

Mãe, no mundo és consagrada,
por Deus foste abençoada
pelos sacrifícios teus.

Mãe, pudeste até inspirar
estas linhas mal traçadas
de um filho que sabe amar.

Tua missão é bem nobre,
sem querer às vezes sofres
dos filhos a desilusão...

Coração de mãe não se engana,
do amor conhece a chama,
sabes onde está a razão...

De minuto a minuto és lembrada,
vivendo em nosso coração
eternamente gravada.

Grato,
Te amo,
Dégas.

MÃE

COITADO DO PAPAI

Coitado do papai,
coitado do papai.
Ele não sabe,
mas tenho pena do papai.

Papai briga com a mamãe,
mas a razão eu não sei não senhor.
Talvez seja ciúme demais
ou talvez falta de amor.

Papai quer beijo,
mamãe não quer dar,
talvez por isso
estão sempre a brigar.

Papai chega, janta e lê jornal,
mais tarde então vai deitar.
Eu ouço um zum, zum entre os dois,
a briga vai começar.
Só porque papai quer beijo,
mas a mamãe não quer dar...

pai
pai
pai

MEU NENENZINHO

Meu nenenzinho querido
bonito e rechonchudo
és a maior alegria
e o melhor presente
que ganhei neste mundo

Vou te dar muito carinho
saúde e alimentação
ensiná-lo a ser honesto
e a não roubar NUNCA
o povo desta NAÇÃO!

Conhecer os teus limites
as regras que a vida impor
valorizar os valores
os compositores e os cantores
que alegram os corações...

A SOGRA

Todo mundo fala mal da sogra
todos falam, menos eu,
eu vivo bem feliz
com a sogra que Deus me deu.

Chego cansado e tarde do trabalho
a mulher vê televisão e a sogra vem me ajudar.
Ela diz: "Meu filho, enquanto toma banho,
esquento sua comida pra depois você jantar.
Leve a toalha e o sabonete,
depois eu levo os chinelos seus".

Todo mundo fala mal da sogra
todos falam, menos eu...

Domingo eu fui ao Maracanã
assistir o meu Flamengo se desinibir.
Cheguei em casa bem descalibrado,
a velha disse: "Coitado, ele precisa dormir..."
Minha mulher ficou muito enfezada:
"Mamãe se manca que o marido é meu!"

Todo mundo fala mal da sogra
todos falam, menos eu...

É brincadeira pode ter certeza
gosto da minha sogra, do meu sogro
e dos filhos seus.

As sogras do Brasil e do mundo
queiram receber aquele forte abraço meu.

As jovens também vão ser sogras
com toda a beleza que Deus lhes deu.

GARROTA SAPECA

garota sapeca
você tem cara de boneca
chega de pensar asneira
você precisa é de uma mamadeira

cunhé, cunhé, cunhé,
você tem cara de bebé...

NATAL

Natal, Natal, Natal,
cheio de raios de luz
no sorriso das criancinhas,
a alegria de Jesus.

Imploro a Deus nas alturas
muita paz e união,
coisas boas que brotam n'alma,
renasce o coração.

Veja as flores nos campos,
olha a beleza do céu,
a pequenina abelha,
que nos dá o poderoso mel.

Veja os rios e as matas,
a alegria de te ver,
poesias que estão no ar
a gente sente, mas não vê.

Dê seu amor, seu carinho
para aqueles que vivem só
junte as mãos numa prece
por um mundo melhor.

Se quer dar um bom presente
dê um beijo numa flor.
dê a flor para a vovó
e um beijinho no vovô.

PAZ

ABENÇOADO POR JESUS DE NAZARÉ

Não frequento igreja
mas faço a minha oração
tenho Deus no pensamento
e Jesus no coração

Ajudo quem precisa
até onde eu puder
recebo mais do que mereço
com a força da minha fé

Sou um homem abençoado
por Jesus de Nazaré...

DÁDIVAS DE DEUS

Saúde, alegria, paz, amor
que Deus vos dará
desfrute deste mel
para abençoar
e que perdure para sempre
em vosso lar...

ORAÇÃO

Estás cheio de problemas
procuras a solução
vá para um canto sossegado
e faças uma oração
ao Deus Todo-Poderoso
para Ele te mostrar a Luz
e tu seguires tranquilo
o caminho de Jesus...

MEDITAÇÃO

Ai, como é bom
ter Deus no coração!

(Efésios 1-7,11; 1 Reis 19.10; Juízes 16.6, 21,23; Salmo 119.71; Hebreus 12.2,12)

VIVA
VIDA

VIVA

Saia da vida
pra vida
pra vida
saber viver
sorrindo
amando
ajudando
a quem precisa viver
sê sincero e correto
distribuindo amor
seguindo a regra da vida
que nos deu o Criador
conservando
o planeta
pra futura geração
com a luz divina perdoando
com carinho
de todo o coração

AS MARAVILHAS QUE DEUS CRIOU

Tem gente que
passa vários dias
sem notar as maravilhas que Deus criou
não ouve o canto dos passarinhos
nem vê a flor que desabrochou

Reclama da chuva
abençoada que cai do céu
(sem chuva não podemos nos alimentar)
não vê o pôr do sol
nem a beleza do sol raiar

RECEITINHA BÁSICA

7 horas

1 copo de leite desnatado (250ml) com café
uma fatia de pão integral ou pão light com
margarina sem sal
ou suco de frutas (200ml)

O LIMÃO

És um limão
que eu gosto muito de espremer
com água e muito açúcar
gosto muito de beber...

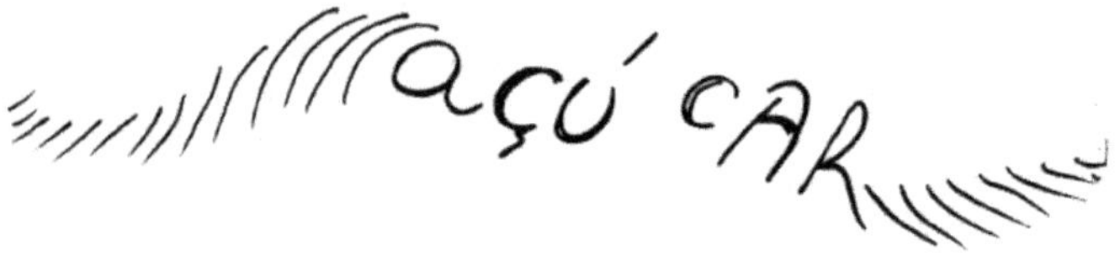

ACABE COM AS BARATAS

Buldogue
Casa de cachorro
Veneno

FOLHA SECA

Sou igual a uma folha seca
que no meio do vento rola pra cá
rola pra lá.

Sobe
desce
vai
e volta
ao sabor do vento
igual a uma folha seca.

Não sei
onde vou cair...
não sei se estou morrendo
ou vivendo
ou vivendo morrendo...

NÃO QUERO BOLO

Não quero bolo nem festa
no meu aniversário

Nem beijinhos nem abraços
estou sendo sincero

Pra que me dar parabéns
se eu fico um ano mais velho?

Nenhum ser na terra é feliz,
mas fui um homem de sorte

Só aceito parabéns
no dia da minha morte

POESIA

Achava as coisas que eu procurava
na minha mão,
entregava com um sorriso de prazer.

Agora continuo procurando
e nunca vou achando
querida, onde está você?

Perdi o tempo em que desejava amar...

NÃO FOI TRAIÇÃO

Acredite, meu amigo,
não foi minha traição,
pois não fui eu o culpado
da sua separação.

O que dizem é mentira,
devo lhe esclarecer,
sempre a respeitei
considerando você.

Dei o bilhete que você mandou,
ela não quis receber.
Ela me quer,
eu a quero bem.

Não sou culpado por isso,
sei que entre vocês
já não há mais compromisso.

Serei sempre seu amigo, meu amigo,
e meu amigo serás,
pois em breve em sua vida
novo amor encontrarás.

Seja feliz
e nela não
penses mais.

FESTA EM DEZEMBRO

Foi numa festa eu me lembro
no belo mês de dezembro
que eu te conheci

Teus olhos me acompanhavam
meus olhos te admiravam
nem sei o que se passava
em redor de mim

Fui parar nos teus braços
e trocamos alguns passos
ao som da suave melodia
que nos envolveu num abraço

E neste mundo de sonhos
de perfume e poesia
era um belo princípio
de um belo romance
de amor que nascia

O fruto deste amor
quero ter sempre ao meu lado
a minha flor sufocando meu passado

Deus sabe bem o que faz
não deixa pra depois
a semente deste amor
quero ver renascer em outros corações
como se fosse nós dois...

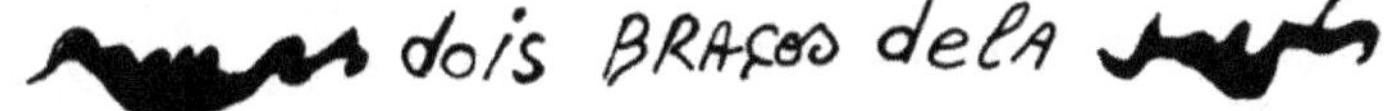

O TEMPO

(com algumas adaptações)

Diga-me, Tempo, como você atua aqui na Terra?

Direi, amigo, direi!!
Começo a trabalhar na vida das pessoas logo que elas são concebidas. E não paro mais.

E como você faz, diga-me!!

Respondeu o Tempo:
Eu me divido em várias partes. Por exemplo: tempo pra amar; tempo pra dormir; tempo pra trabalhar; tempo pra se divertir; tempo pra jogar conversa fora.

Como assim? Explique-se...

Diz o Tempo:
Depois que seguem as quatro primeiras regras, o tempo vago as pessoas podem aproveitar como quiser.

Bem, e se eu não seguir as quatro regras, o que acontece?

Diz o tempo:
Você se enrola e não chega onde deveria ou quer chegar. Lembre-se, amigo, de que a vida vai cobrando o que o tempo lhe deu: você vai perdendo a visão; os dentes ficam comprometidos; a pele vai enrugando; as pernas vão doendo; o ânimo vai caindo; os desejos vão se acabando e o tempo vai se esvaindo...

Diga-me, como devo aproveitar meu tempo?

Diz o Tempo:
Respeitando-se, não misturando as regras: amar é amar; dormir é dormir; trabalhar é trabalhar; divertir-se é divertir-se; e jogar conversa fora é aproveitar os intervalos entre elas. Sua vida tem um tempo, amigo, um tempo.

Pense naquele amor que se desgastou, nos bons momentos que ele proporcionou. Nos momentos de alegria que ele lhe deu. Assim o tempo passa, e você sofre menos.

Pense naquele ente querido que se foi e nunca voltará, mas deixou em você a marca da saudade. A vontade de tê-lo ao seu lado... a vontade de sonhar com quem acompanhou você pela vida. Mas o tempo vai mostrando a realidade, e você vai esquecendo e pensando somente nos bons momentos que passaram juntos.

Graças ao tempo, que transformou saudades em doces lembranças! O tempo apagará as marcas que a vida deixou. E, quando você tiver cumprido seu tempo na Terra, o seu último pensamento o tempo apagará para sempre...

Nunca diga a um amigo que não o visita por falta de tempo. Você é quem faz o tempo. O tempo não dirige você, ele só marca o tempo da sua vida, das suas ações, dos seus momentos, e não da sua vontade.

Obrigado, Tempo, pela lição que você me deu.

Adeus, amigo, adeus...

Lembre-se: quem respeita as regras do tempo tem tempo pra viver melhor!

LUA

1ª parte

Quando a lua novamente
no céu brilhar
estarei bem distante
não posso te contemplar
o que houve entre nós?
a lua testemunhou
o rompimento do nosso amor
dos carinhos dos beijos
do romance o fim...
quando olhares a lua
pensarás em mim

2ª parte

Quando a lua do céu
desaparecer
estarei bem distante
não te quero ver
plantei bondade carinho
amizade em teu coração
para mais tarde
o fruto do teu amor colher
a traição
é que me faz ausentar

A lua diria mil coisas
se pudesse falar.

Lua

DESPEDIDA

I
Adeus, meus camaradas,
vou partir para longe
mas de vocês não esqueço não
Deixarei pra ficar bem lembrado
um samba batucada
pra ser bem cantado
Dos lábios dela também levarei
a mais sublime recordação
Gravarei o nome de todos vocês
com letras de ouro no meu coração

II
Vou partir contra a minha vontade
bem sei
a vida não é tudo aquilo
que a gente quer
Levarei no meu pensamento
o sabor dos beijos daquela mulher
De todos não esquecerei
adeus, camaradas,
um dia eu voltarei

BOM AMIGO

Eu não sou um traidor
mereço a sua confiança
se por mim ela se apaixonou
guardou as recordações de criança.

Eu não sou igual a Judas
que perante a si próprio mentiu
beijou a face de Cristo,
beijou a face de Cristo
e logo depois o traiu.

Sempre foste um bom amigo
já me deste tua mão
eu não seria capaz
desta cruel traição.

Deixe que o tempo fará
ela compreender,
como o Judas da História
também vai se arrepender.

NÃO HONROU O LAR

Deixou a saudade
em seu lugar,
levou toda a alegria
que havia em nosso lar.

Hoje volta arrependida,
tristonha, fingida,
pedindo o perdão
que jurei não lhe dar.

Você não soube
honrar nosso lar.

Prometeram satisfazer
a sua vaidade,
sua ambição destruiu
a nossa felicidade.

Volta chorando,
a implorar,
é tarde tenho outra
em seu lugar.

Você não soube
honrar nosso lar.

QUISERA

Quisera fazer-te ouvir no meu peito
o bater tão diferente
de um coração apaixonado

Quisera trocar as noites contigo
sentindo tudo que eu sinto
estarias ao meu lado

Quisera ver-te num quarto fechado
sem ter carinho sem ter nada
remoendo a solidão
tendo somente o relógio como companheiro
marcando o tempo do tempo
da nossa separação

Quisera trocar minha vida pela tua
e ver-te andando pela rua
bebendo de bar em bar
só assim eu saberia como é
que vive dentro do peito
o coração de uma mulher

NÃO SOU DE BRIGA

Cheguei para me explicar
o que que há?
Sempre fomos amigos
para nós é prejuízo
querer brigar

Ela me abandonou
pra ir viver com você
tem o direito
de querer me censurar,
mas peça a ela pra não me telefonar

Ela está sempre me procurando,
dizendo que não me esquece assim
Confesso não quero nada com aquela mulher,
pois ela nunca foi
sincera para mim

Estou lhe dizendo a verdade
não quero me aborrecer
não vim aqui pra brigar com você

NUNCA---.

VOLTA

Meu erro foi desprezar
teus carinhos
a morte é bem melhor
pra quem vive tão sozinho

Em nosso lar
já não existe alegria
o sorriso que se reflete em meu rosto
na minha alma é nostalgia

És a linda flor
que no meu coração
brotou um grande amor

Volta depressa
para o nosso lar
que está vazio
sem o teu calor

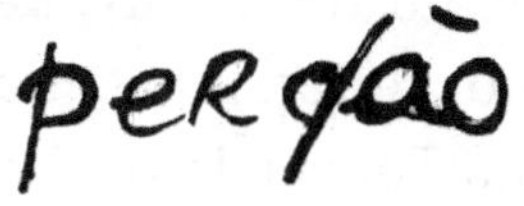

CIUMENTA

vAlente

Tu és muito ciumenta,
ciumento também sou,
apesar de brigarmos, meu bem,
entre nós existe amor.

Fui à casa do compadre,
avisar que vamos nos casar,
a comadre riu e disse:
Quem gosta tem que cuidar!

És parte da minha vida,
és metade do meu coração,
em breve, linda morena,
vou pedir a tua mão.

Se eu receber um sim,
vou te dar um lindo anel,
seremos felizes, querida,
aqui na Terra e lá no Céu.

SEGREDO DE MULHER

Há muito tempo
tu vens se lastimando
tua grande indiferença
venho notando
agora não posso
mais te beijar
se quero um beijo teu
é preciso quase, quase implorar

Teus olhos já
não fitam mais os meus
talvez por caprichos teus
ou segredos de mulher
peço que não
me faltes com a verdade
se tu já não me amas
eu te dou a tua liberdade

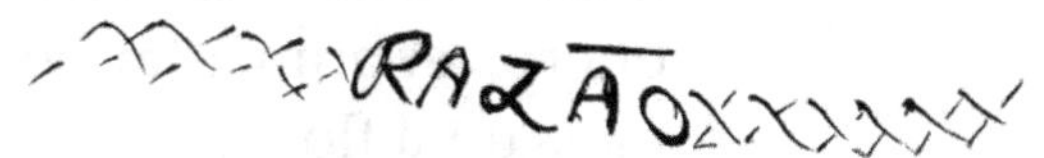

HISTÓRIA DE UM AMOR

Sempre quando ela passava
cheia de graça pelo meu portão
meu coração começava a saltar
no meu peito vibrar
uma forte emoção

Que cadência ela tem no andar
que doçura no olhar
mas não eram para mim

Ela até transformava
o perfume das flores
do meu lindo jardim

Quanta alegria senti
quando a vi dar um lindo sorriso
para mim

Fui a ela e me declarei
um encontro marquei
ela me aceitou, eu gostei

Floriu nossa mocidade
uma felicidade será o nosso lar
quero ver aumentar no jardim
mais uma flor
que durei a cultivar

SOBRE O AUTOR
NAS PALAVRAS DE QUEM O CONHECEU

"Tive muitas histórias com meu pai. Quando chegava da faculdade, ficávamos eu, ele e Ney tocando um sambinha, cantando só as músicas dele mesmo. Ficávamos até bem tarde, mesmo tendo que trabalhar no dia seguinte. Isso era quase uma rotina. Lembro muito bem das orientações que papai nos dava: nada de bebida nem fumo. Eu era o filho que mais saía à noite, gostava de dançar, então ele me recomendava essas coisas. Uma vida inteira seria pouco pra contar todas as histórias dele comigo, mas o sambinha na volta da faculdade foi o que mais me marcou. Era realmente muito legal. Certa vez, ele foi me ver jogar futebol em Furnas. Quando o jogo acabou, papai me disse que sentia não ter estado presente nos campeonatos que disputei por alguns clubes do Rio, porque trabalhava muito. Ele disse que estava tendo o privilégio de me ver jogar ali. Papai sabia que eu jogava direitinho, e gostou muito do que viu. Então eu disse: 'Pai, em momento algum isso me fez falta. Você não estava lá fisicamente, mas eu sabia que você estava trabalhando'. Eu não tinha do que reclamar mesmo não."

Mário Ferreira

"Meu pai foi muito presente. Como filha mais velha, lembro que, se algum de nós cinco estivesse triste, ele perguntava o que estava acontecendo: 'Se não quiser, não precisa falar agora; quando quiser me contar, estou aqui'. Era ele que nos levava ao médico e ao dentista. Quando operei as amígdalas, foi ele que me acompanhou. Foi um pai muito presente em nossa vida; na verdade, parecia mais mãe que pai. Não que minha mãe se omitisse, mas porque ele queria acompanhar tudo que se passava com cada um dos filhos. Se preocupava com tudo. Ele dizia também que é responsabilidade dos pais acompanhar a vida escolar dos filhos. Mesmo quase sem nenhum estudo, ele olhava os cadernos todos os dias. No meu casamento, ele chorou demais. Entrou na igreja chorando, emocionado por casar a primeira filha. Papai era simplesmente assim."

Maria Ferreira

//// 8 nettos ///

"Meu avô costumava falar dos critérios que usou pra saber se minha avó realmente seria a mulher da vida dele. Falava e ria ao mesmo tempo: 'Busquei uma esposa que fosse trabalhadora e comesse pouco, pra gastar pouco e me dar um lucro. E tem mais, queria que fosse uma boa mãe para os nossos filhos e a gente se desse bem, aí reparei se ela se dava bem com a família. Se não falasse com o pai, com a mãe, com algum irmão ou parente, eu já ia ver que seria um problemão pra minha vida. Quando a gente constituísse família, ia ser um tal de não fala com a filha, não fala com o filho, não fala com o sobrinho e tal. Minha futura esposa tinha que atender esses critérios, pra eu saber que estava no caminho certo'. Como sempre, meu avô estava fazendo graça, porque eu via como ele tratava minha avó. Vira e mexe a gente falava: 'Vô, conta aquela história da minha avó aí'. E ele, rindo, repetia todos os critérios que a gente tinha que buscar numa esposa quando chegasse a hora. Tudo brincadeira. Ao longo da vida, eu o vi cuidando muito bem da minha avó. Desde a infância até a minha vida adulta, presenciei meu avô preparando o café com leite dela com muito cuidado. Tinha que estar na temperatura que ela gostava. Às vezes, ele precisava esfriar o café umas três vezes, porque ela dizia: 'Cidinho, você não esfriou direito'; e ele respondia: 'Esfriei sim, Chuchu'. Ele dava tudo na mão dela, que ficava assistindo à TV, enroladinha no sofá. O que mais me marcou nisso tudo foi o cuidado dele com minha avó, a vida que eles levaram juntos. Como neto mais velho, pude acompanhar o convívio dos dois. E essa foi a grande história que meu avô deixou pra mim, que ficou marcada em minha vida."

Daniel Filho

"Vovô é o maior ensaio de humanidade que pude apreciar até hoje, perfeito em suas muitas imperfeições. Sua morte, aos 93 anos de juventude, teve a marca d'água do fim de todo grande amor: a sensação unânime de que fora prematura. Se alguma palavra chegar até você, Cidão, saiba que seguimos te amando cada dia mais (e, óbvio, a vovó também). Seguimos."

Hugo Vaz

"Vô Cid deixou muitas lembranças e muitas heranças. A mais forte delas foi esse amor pela música. Eu adorava cantar e tocar suas músicas com ele. Adorava quando ele fazia um gesto escondido, pedindo para provocar a vovó cantando as músicas de que ela não gostava. Pra sempre no coração!"

Bruno Ferreira

"Quanto ao meu avô, eu me lembro muito das músicas dele, da alegria diária, da risada gostosa. Era muito legal... adorava quando ele ficava no sofá de casa, falando um monte de palhaçadas. Ele ria muito das bobeiras que falava, aí a barriguinha dele ficava balançando. Era muito divertido, não tinha como não achar graça. Eu me recordo muito do dia que vovô me chamou em particular e falou assim: 'Meu neto, nunca faça nada que você não sinta vontade de fazer. Não tenha medo, se não quiser fazer, não faça e ponto'. Parece besteira, mas senti que ele queria me passar algum ensinamento. Acho que preocupado comigo; pelo meu jeito tímido de ser, eu aceitava tudo, era muito calado. Meu avô não fez ideia de quanto aquilo foi positivo pra mim. Aquelas palavras me pegaram de surpresa, mas eu entendi o recado. Ele viu fraqueza em mim e me deu um toque bem legal, me passou segurança. Eu guardo aquele momento comigo até hoje. Com a experiência que tinha, meu avô conseguiu me passar essa mensagem de uma forma muito bacana. Isso foi bastante produtivo na minha vida. Vou carregar pra sempre, com muito carinho e respeito. Ah, e as risadas fantásticas que ele dava contando histórias no sofá. Era tudo muito, muito especial."

Luan Mário Ferreira

"Tenho muitas boas memórias de fatos que envolvem meu avô. Uma delas se passou quando eu e meu irmão éramos garotos, e meus avós cuidavam da gente. Gostávamos muito de beber achocolatado com leite. Batido à mão, no liquidificador, de qualquer jeito ficava bom. Rodrigo, então, bebia achocolatado o dia inteiro. Um belo dia, meu avô achou que estávamos bebendo muito achocolatado e proibiu aquela farra: 'Agora vocês só podem tomar dois copos de achocolatado por dia. Estão bebendo muito chocolate'. Só que a gente sempre dava um jeito de burlar aquela regra, um jeito de fazer com que ele não visse a gente tomando o achocolatado (risos). Foi assim que passamos, em plena pré-adolescência, por aquele "racionamento de comida" imposto pelo vovô. Aquilo foi muito divertido."

Robson Ferreira

"O meu vô Cidinho, da minha adolescência em diante, não era mais o mesmo da minha infância. Percebi essa mudança para melhor numa viagem a São Lourenço, só de avós e netos. A doçura da vovó contaminou meu avô. Não tinha como ser diferente: vó Nilda transbordava doçura, foi a pessoa mais doce que eu conheci. Viajamos num fim de semana prolongado, um casal de jovens idosos com seis crianças, longe de pai e mãe. Nós nos divertimos muito, fomos paparicados o tempo todo, pois os dois fizeram todas as nossas vontades. A viagem foi tão boa que nem o acidente de bicicleta que meu primo teve nos desanimou. Foi a primeira vez que visitamos o Parque das Águas. A gente ia de fonte em fonte, e meu avô tinha um parecer divertido para cada uma delas. Dali em diante, trago na memória só as reuniões de família, com muitas cantorias, piadas e gargalhadas. Me lembro com muita saudade das férias em Rio das Ostras. Ali, meu avô parecia um vereador: conhecia todo mundo, falava com todo mundo, se dava bem com os vizinhos, tinha sempre uma frase divertida. Em casa não parava quieto, sempre em alguma atividade, sempre cantando e dançando, e ainda inventou de fazer pastel pra vender (risos). Fazia a massa, os recheios, preparava tudo; fritava, dava uma provinha pra quem estivesse ali e saía de bicicleta pra vender com sua lábia de vereador. Vendia tudo muito rápido e ia dar um mergulho no mar. Voltava sorridente, encostava a bicicleta na varanda, e contava os causos que tinha vivido ou escutado naquele dia. Quando era algo engraçado, ele parava as histórias no meio de tanto rir. Almoçava, tirava um cochilo e voltava às atividades. À noite, sentava no sofá, colocava o boné 'para a luz não incomodar as vistas' e assistia ao jornal. Sempre respondia 'boa noite' para o repórter e mandava a gente responder também... era muito engraçado. Tem muitas outras situações que guardo com carinho na lembrança, mas essas são as minhas preferidas."

Rafael Ferreira da Silva

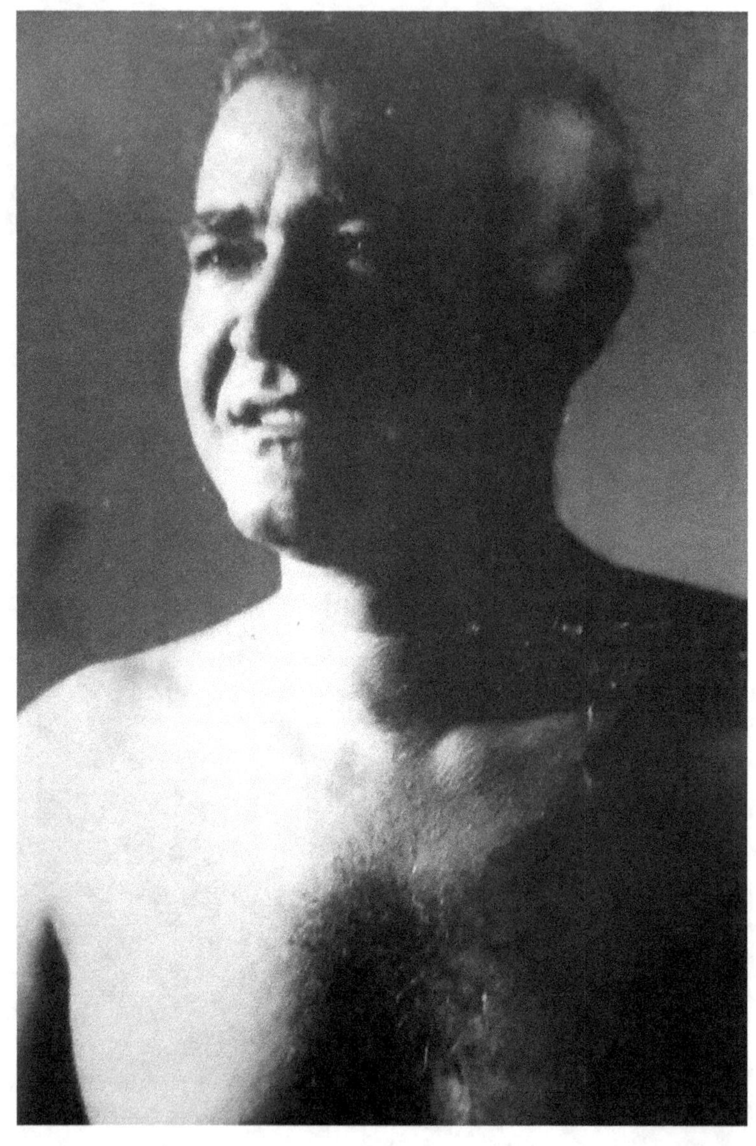

Casa Do
Escritor

www.ingramcontent.com/pod-product-compliance
Lightning Source LLC
LaVergne TN
LVHW050337160826
845677LV00014B/3664
* 9 7 8 6 5 0 1 0 3 2 3 7 5 *